우리의 희망이신 주님,

이 거룩한 희년을 맞이하게
해 주심에 감사드립니다.
은총의 한 해를 보내면서
희망의 닻을 내려 주님께 나아갈 수 있도록
이끌어 주소서.
저의 모든 것을 주님께 오롯이 바치나이다.

이름 · 세례명 _____

교구명 · 본당명 _____

시작한 날 _____

마친 날 _____

'2025년 희년'을 맞이하며

'희년'이란 무엇일까요?

'희년Jubilee'이라는 말은 숫염소의 뿔로 만든 '요벨yobel'에서 유래되었습니다. 성경에 따르면 이스라엘 백성은 모세의 법에 따라 50년마다 한 번씩 희년의 해가 돌아오면 요벨을 불어 축제의 시작을 알렸다고 합니다. 이때 사람들은 모든 부채를 감면받고, 노예는 자유인이 되도록 했습니다. 그 후 예수님께서는 "주님의 영이 내 위에 내리셨다. 주님께서 나를 보내시어, 가난한 이들에게 기쁜 소식을 전하고, 잡혀간 이들에게 해방을 선포하며, 눈먼 이들을 다시 보게 하고, 억압받는 이들을 해방시켜 내보내며, 주님의 은혜로운 해를 선포하게 하셨다."(루카 4,18-19; 참조: 이사 61,1-2)라고 하시며 희년을 선포하셨고 구원과 해방의 시간이 도래했음을 알리셨습니다. 1300년 보니파시오 8세 교황이 첫 희년을 선포한 이후에 희년 주기는 100년에서 50년, 25년으로 변경되었습니다. 정기 희년 외에도 특별 희년을 보내기도 하며, 희년에 참여 시 전대사를 받을 수 있습니다(2025년 희년 전대사에 대해서는 노트 뒷부분에 자세히 안내되어 있습니다).

2025년 희년 '희망의 순례자들'

프란치스코 교황님은 2024년 5월 9일에 2025년 정기 희년을 공식 선포하는 칙서 〈희망은 우리를 부끄럽게 하지 않습니다〉를 발표하셨습니다. 교황님은 이번 희년의 핵심 메시지를 '희망'이라고 하시며 다음과 같이 말씀하셨습니다. "내일 무슨 일이 닥칠지 알 수 없지만, 희망은 좋은 일이 생기리라는 기대와 바람으로 저마다의 마음속에 자리합니다. 그러나 미래에 대한 불확실성은 때때로 상반되는 감정을 불러일으킵니다. 아무것도 행복을 가져다줄 수 없다는 듯 낙심하여 미래를 비관적이고 냉소적으로 바라보는 사람들을 우리는 빈번히 마주칩니다. 이 희년이 우리에게 모두 희망을 되살릴 수 있는 기회가 되기를 바랍니다. 하느님의 말씀은 우리가 희망의 이유를 찾도록 도와줍니다."

2025년 희년 일정은 어떻게 진행될까요?

2024년 12월 24일 프란치스코 교황님이 바티칸 성 베드로 대성전의 성년 문을 여시면서 2025년 희년이 시작됩니다. 그리고 이어서 2024년 12월 29일 성 요한 라테라노 대성전, 2025년 1월 1일 성모 대성전, 1월 5일 성 바오로 대성전의 성년 문이 열리며 본격적인 희년의 순례가 시작됩니다. 각 지역 교회는 2024년 12월 29일 주일에 교구장 주교가 주교좌 성당에서 장엄 개막미사를 거행하며 다 함께 '희망의 여정'의 출발을 알리게 됩니다. 이후 약 1년간 이어지는 희년은 2026년 1월 6일 주님 공현 대축일에 교황님이 성 베드로 대성전의 성문을 닫으시는 것으로 마무리됩니다. 각 지역 교회의 여정은 이보다 앞선 2025년 12월 28일 주일에 끝납니다(자세한 희년 행사 일정은 노트 뒷부분에 안내되어 있습니다).

《2025 희년 여정 노트》는?

2025년 희년을 보내며 '희망'의 순례를 떠나다

프란치스코 교황님은 칙서인 〈희망은 우리를 부끄럽게 하지 않습니다〉에서 다가오는 희년이 "시들지 않는 희망 즉, 하느님에 대한 우리의 희망으로 특징지어지는 성년"이라고 하시면서 '우리 구원의 문이신 주 예수님과 참되고 인격적인 만남을 갖는 시간'으로 만들기를 바란다고 하셨습니다. 특히 교황님은 "모든 희년 행사의 근본 요소는 순례"라며 "순례 여정을 나서는 것은 삶의 의지를 추구하는 것과 연결되고 모든 그리스도인이 침묵과 노력, 단순한 삶의 가치를 발견하는 데에 큰 보탬이 된다."라고 설명하셨습니다. 《2025 희년 여정 노트》는 교황님의 말씀에 따라 우리의 희망이신 예수님을 향해 순례를 떠날 수 있는 노트입니다.

🕯️ 하루 한 장씩 노트를 적으며
2025년 희년을 희망으로 채워 보세요!

이 노트는 프란치스코 교황님의 칙서 〈희망은 우리를 부끄럽게 하지 않습니다〉에서 핵심 키워드를 뽑아 제목으로 넣었습니다. 그다음 희년의 주제인 '희망'과 관련하여 프란치스코 교황님이 하신 말씀을 비롯하여 성경 말씀, 《준주성범》, 《신심 생활 입문》, 최민순 신부님의 《시편과 아가》 구절을 읽으며 묵상하고, 묵상 글과 관련된 질문에 대한 답변을 적으며 희망의 순례를 떠나도록 구성되어 있습니다. 글을 묵상한 후에는 그 날 하느님께 감사드리고 싶은 일과 드리고 싶은 기도 지향을 적을 수 있습니다.

《2025 희년 여정 노트》와 함께 집, 성당, 학교, 직장 등 언제 어디서나 희망을 향한 여정을 떠나 보세요. 매일 노트를 쓰지 않아도 괜찮습니다. 원하는 날에, 기도와 묵상이 특별히 더 필요한 날에 적어 보세요. 2025년 희년을 보내면서 이 노트와 함께 우리에게 모두 필요한 희망을 찾아 하느님께 나아가는 시간을 마련해 보시길 바랍니다.

시작 기도

2025년 희년 기도

하늘에 계신 아버지,
우리 형제이신 성자 예수 그리스도를 통하여
저희에게 베풀어 주신 믿음과
성령을 통하여 저희 마음에 부어 주신
불타는 사랑으로
아버지의 나라가 오시리라는 복된 희망을
저희에게 다시 일깨워 주소서.
악의 세력이 패배하고
아버지의 영광이 영원히 드러나는
새 하늘과 새 땅을 확신에 차 기다리며
온 인류와 우주가 떨쳐 일어나도록
아버지의 은총으로
저희가 복음의 씨를 뿌리는 성실한 일꾼이 되게 하소서.
희년의 은총이
희망의 순례자인 우리 안에서
천상 보화를 향한 갈망을 다시 불러일으키고
우리 구원자이신 주님의 기쁨과 평화가
온 세상에 흘러넘치게 하소서.
영원히 복되신 하느님께서는
세세 대대로 찬미와 영광을 받으소서.
아멘.

《2025 희년 여정 노트》 작성 예시

1일차

고해성사와 용서

- 1. 시작 기도로 '2025년 희년 기도'를 바칩니다.

저는 보름마다 프란치스코회 수사님에게 고해를 합니다. 하느님의 용서를 체험하는 일은 제게 좋습니다. 희망을 갖도록 도와주기 때문입니다. 이 희망은 정적인 것이 아니라 우리가 움직이도록 이끌며 앞으로 나아가도록 힘을 줍니다. 닻의 성경적 이미지는 이런 의미에서 매우 설득력이 있습니다. 닻을 던지면 고정된 지점을 확보할 수 있으며 그곳을 향해 나아갈 수 있습니다. 그러므로 우리 모두 미래를 향한 "희망의 순례자들"이 되길 빕니다.

— 프란치스코 교황, 《프란치스코 교황과 함께하는 희망의 기도》

- 2. 오늘의 묵상 글 읽기
  2025년 희년의 주제인 '희망'과 관련된 글을 천천히 읽어 봅니다.

✶ 고해성사를 통해 하느님께 용서받을 때 어떤 기분이 드나요? 그 순간에 느낀 감정을 떠올려 보세요.

> 막상 고해성사를 보려고 하면 두렵고 어떤 죄를 고백해야 할지 감이 안 온다. 심지어 귀찮다는 생각이 들어 성사 보는 것을 계속 미루고 있었다. 하지만 얼마 전 용기를 내어 고해성사를 보았는데, 죄를 고백하고 나오니 너무나 뿌듯하고 마음의 짐을 덜어 낸 기분이 들었다. 그리고 주님께 감사하는 마음으로 기도드렸다.

- 3. 묵상 글과 관련된 질문에 답변 쓰기
  글 내용을 떠올리며 잠시 묵상하는 시간을 가진 후, 글과 관련하여 제시된 질문을 읽고 답변을 적어 봅니다.

🔥* 하느님께 감사드리고 싶은 일을 적어 보세요.
1. 엄마와 며칠 전에 싸워서 말도 안하고 있었는데, "엄마, 제가 잘못했어요." 하고 먼저 용서를 청했습니다. 그 뒤로 엄마와 다시 사이가 좋아졌습니다. 저에게 용기를 주심에 감사드리고 싶습니다.
2. 미루고 미루었던 고해성사를 드디어 볼 수 있게 됨에 감사드리고 싶습니다.
3. 며칠 전부터 먹고 싶었던 빵을 드디어 먹을 수 있음에 감사드리고 싶습니다.

- 4. '하느님께 감사드리고 싶은 일' 적기
  오늘 하느님께 감사드리고 싶은 일을 한 가지 이상 적어 봅니다.

🔥* 오늘 드리고 싶은 기도 지향을 적어 보세요.
주님, 오늘 오랜만에 고해성사를 보고 나서 교황님께서 말씀하신 하느님의 용서를 체험하는 시간을 가졌습니다. 이 체험을 기억하며 기쁜 마음으로 살아갈 수 있도록 이끌어 주세요.

- 5. 드리고 싶은 기도 지향 적기
  오늘 하느님께 기도드리고 싶은 지향을 적어 봅니다.

- 6. 마침 기도로 자유 기도를 바치며, 오늘의 여정을 마무리합니다.

1일차

고해성사와 용서

저는 보름마다 프란치스코회 수사님에게 고해를 합니다. 하느님의 용서를 체험하는 일은 제게 좋습니다. 희망을 갖도록 도와주기 때문입니다. 이 희망은 정적인 것이 아니라 우리가 움직이도록 이끌며 앞으로 나아가도록 힘을 줍니다. 닻의 성경적 이미지는 이런 의미에서 매우 설득력이 있습니다. 닻을 던지면 고정된 지점을 확보할 수 있으며 그곳을 향해 나아갈 수 있습니다. 그러므로 우리 모두 미래를 향한 "희망의 순례자들"이 되길 빕니다.

— 프란치스코 교황, 《프란치스코 교황과 함께하는 희망의 기도》

♦* 고해성사를 통해 하느님께 용서받을 때 어떤 기분이 드나요?
그 순간에 느낀 감정을 떠올려 보세요.

♦ * 하느님께 감사드리고 싶은 일을 적어 보세요.

♦ * 오늘 드리고 싶은 기도 지향을 적어 보세요.

2일차

삶의 기쁨

의로운 희생을 제사 드리고,
주님 안에 너희 희망 다져 두어라.
"그 누가 우리에게 좋은 일 보여 줄고!"
이렇듯 말하는 이 여럿이오니
주여, 당신 얼굴의 밝으신 빛을,
드높이 우리에게 보여 주소서.
알곡이야 포도주에 푸짐한 그때보다
이 마음에 두신 기쁨 그보다 더 하오이다.

— 최민순 역, 《시편과 아가》(시편 4,6-8)

🔥* 세상에서 일어나는 '좋은 일'과 주님께서 이루시는 '좋은 일'은 어떤 점에서 다르다고 생각하나요?

♦ * 하느님께 감사드리고 싶은 일을 적어 보세요.

♦ * 오늘 드리고 싶은 기도 지향을 적어 보세요.

3일차

미래를 바라봄

특별히 개인이나 국가의 암흑기나 영적인 어둠 속에 있을 때, 희망은 매우 어려운 덕목이 될 수 있습니다. 우리는 신앙이 은총임을 압니다. 사랑을 실천하는 지침도 가지고 있습니다. 그러나 희망은 달아날 수 있습니다. 그럴 때 걱정하지 마십시오. 멸망의 예언자가 되어서는 안 됩니다. 하느님께서 마음에 두신 계획을 신뢰하며 현재의 상황 그 너머를 볼 수 있어야 합니다. 잠깐 멈추고 '우리' 안에 있는 하느님의 희망을 바라본다면, 더 쉽게 희망할 수 있을 것입니다.

— 프란치스코 교황, 《프란치스코 교황이 초대하는 이달의 묵상: 희망》

◈* 개인적으로 어려운 일에 마주하거나, 가까운 사람이 힘든 일을 겪는 모습에 안타까운 기분이 들 때, 어떻게 희망을 찾으려고 하나요?

♦* 하느님께 감사드리고 싶은 일을 적어 보세요.

♦* 오늘 드리고 싶은 기도 지향을 적어 보세요.

4일차

하느님의 섭리

그대는 한 손으로는 아버지 손을 잡고 다른 한 손으로는 울타리에 달린 딸기나 오디를 따는 어린아이처럼 행동하십시오. 그리고 세상일을 하는 중에도 언제나 정신적인 여유를 가지고 하느님의 일을 생각하십시오. 넓은 바다를 항해하는 사람들이 희망의 항구를 향해 노를 저어 갈 때 높은 하늘을 쳐다보듯이, 아주 중요한 일을 맡아 온 정신을 집중해야 할 때에 자주 하느님을 우러러보십시오. 그러면 하느님께서는 그대와 더불어, 그대 안에서, 그대를 위해 섭리하시어, 그대의 노력이 알찬 결실을 맺게 해 주실 것입니다.

— 프란치스코 살레시오 성인, 《신심 생활 입문》

- 항해하는 이들이 하늘을 바라보는 비유를 통해 어떤 교훈을 얻을 수 있을까요? 나의 인생 항로에서 '희망의 항구'는 무엇인가요?

🕯* 하느님께 감사드리고 싶은 일을 적어 보세요.

🕯* 오늘 드리고 싶은 기도 지향을 적어 보세요.

5일차

자비의 행위

이제 좋은 것이든 나쁜 것이든 우리가 하는 행동의 결과가 이웃에게도 영향을 미친다는 사실이 더욱 명백해졌습니다. 그러므로 우리 모두가 연대를 해야 합니다. 우리가 궁극적으로 연대할 수 있다면 이 불안한 시대를 극복하고 구원받을 수 있을 것입니다. 우리는 언제나 더불어 살아야 합니다. 형제애는 필수적인 것입니다. 혼자서는 결국 모두가 무너지고 말 것이기 때문입니다. 우리가 서로를 돕는다면 모든 이들이 더 나은 삶을 살게 될 것입니다.

— 프란치스코 교황, 《하느님과 다가올 세계》

◆ * '서로 돕는다면 모든 이가 더 나은 삶을 살 수 있다'는 교황님의 말씀을 구체적으로 실천하기 위해 무엇을 할 수 있을까요?

🕯 * 하느님께 감사드리고 싶은 일을 적어 보세요.

🕯 * 오늘 드리고 싶은 기도 지향을 적어 보세요.

6일차

하느님의 사랑

우리 마음에서 하느님의 사랑이 가닿을 수 없는 구석은 없다는 말은 매우 힘을 북돋아 줍니다. 우리가 잘못할 때에도 하느님께서는 그 자리에 계시며 결코 사랑을 거두지 않으십니다. 우리 삶 속에, 세상 안에 계시는 하느님의 현존을 신뢰하며 하느님께 우리 자신을 열어 드리십시오. 그러면 내면에 묻힌 심오한 희망을 찾기 시작할 것입니다. 그리고 하느님께서 우리와 함께 계신다는 것을 아는 데서 나오는 확신과 힘을 찾기 시작할 것입니다. 이 희망은 이미 우리 안에 있는 은총입니다. 다만 이 희망이 자라나도록 도와야 합니다.

— 프란치스코 교황, 《프란치스코 교황이 초대하는 이달의 묵상: 희망》

▸ 삶 속에서 하느님의 현존을 신뢰하며 나 자신을 그분께 열어 드릴 때, 나의 마음과 신앙에 어떤 변화가 일어나나요?

♦ * 하느님께 감사드리고 싶은 일을 적어 보세요.

♦ * 오늘 드리고 싶은 기도 지향을 적어 보세요.

7일차

인내의 중요성

그러니 하느님의 크신 자비와 천상의 은총에 대한 희망을 신뢰하는 것 말고 무엇을 희망하고 무엇을 신뢰할 수 있겠는가? 착한 사람들이 있고, 신심 있는 형제들이 있고, 충실한 벗들이 있고, 거룩한 서적이 있고, 아름다운 문구가 있고, 듣기 좋은 노래가 있고, 시가 있다 할지라도, 은총이 나를 떠나 나 자신이 궁핍하게 된다면, 이 모든 것들은 도움이 되지도 않고, 즐거움도 주지 못할 것이다. 이런 때는 인내를 갖고 하느님의 뜻에 자신을 온전히 맡기는 것보다 더 좋은 길은 없다.

— 토마스 아 켐피스, 《준주성범》

♦* 인내하며 나의 모든 근심 걱정을 온전히 하느님께 맡기려면 어떤 마음가짐을 가져야 할까요?

♦* 하느님께 감사드리고 싶은 일을 적어 보세요.

♦* 오늘 드리고 싶은 기도 지향을 적어 보세요.

8일차

미소는 희망의 씨앗

우리 또한 새로운 희망을 품고, 미소 지을 수 있습니다. 어둠과 역경 속에서 미소 짓기란 어렵습니다. 하지만 희망은 우리를 하느님께로 인도해 주는 길을 발견하도록 미소 짓는 법을 알려 줍니다. 하느님과 멀어진 사람들의 특징 중 하나는 미소가 사라진다는 겁니다. 물론 외견상 크게 박수를 치며 웃을 수는 있으나, 진정한 미소는 보이지 않습니다. 오직 희망만이 진정한 미소를 짓게 해 줍니다. 그것은 하느님을 만날 수 있는 희망의 미소입니다.

— 프란치스코 교황, 《그래도 희망》

▲* '하느님과 멀어진 사람들에게는 미소가 사라진다'는 말씀에 공감하나요? 삶에서 진정한 미소를 짓기 위해 무엇을 하면 좋을까요?

◊ * 하느님께 감사드리고 싶은 일을 적어 보세요.

◊ * 오늘 드리고 싶은 기도 지향을 적어 보세요.

9일차

공동의 책임

우리에게는 분명한 변화를 만들고 다른 방향으로 갈 기회가 있습니다. '버리는 문화'를 지나 '돌봄의 문화'로 나아갈 수 있습니다. 공동의 집을 돌보는 일은 인류 가족 전체를 돌보는 일이며, 우리 자신을 돌보는 일입니다. 우리는 지구와 지구에 서식하는 모든 피조물과 함께 조화로운 생활 방식을 위한 진정한 회심으로 초대받았습니다. 이 회심은 우리 각자의 작은 변화를 필요로 하며 그 변화는 각자의 집에서부터 시작할 수 있고, 시작해야만 합니다.

— 프란치스코 교황, 《프란치스코 교황과 함께하는 희망의 기도》

- '공동의 집'인 지구를 돌보기 위해 일상 안에서 할 수 있는 작은 변화에는 어떤 것들이 있을까요?

🕯* 하느님께 감사드리고 싶은 일을 적어 보세요.

🕯* 오늘 드리고 싶은 기도 지향을 적어 보세요.

10일차

환난

애야, 주님을 섬기러 나아갈 때 너 자신을 시련에 대비시켜라. 네 마음을 바로잡고 확고히 다지며 재난이 닥칠 때 허둥대지 마라. 주님께 매달려 떨어지지 마라. 네가 마지막에 번창하리라. 너에게 닥친 것은 무엇이나 받아들이고 처지가 바뀌어 비천해지더라도 참고 견뎌라. 금은 불로 단련되고 주님께 맞갖은 이들은 비천의 도가니에서 단련된다. 질병과 가난 속에서도 그분을 신뢰하여라. 그분을 믿어라, 그분께서 너를 도우시리라. 너의 길을 바로잡고 그분께 희망을 두어라.

— 집회 2,1-6

♦ * '그분께서 너를 도우시리라. 너의 길을 바로잡고 그분께 희망을 두어라.'라는 구절이 나에게 어떻게 다가오나요?

♦ * 하느님께 감사드리고 싶은 일을 적어 보세요.

♦ * 오늘 드리고 싶은 기도 지향을 적어 보세요.

11일차

단순한 눈길

우리는 세상에 탄생한 아기 예수님 주위에서 이런 작고 단순한 사람들을 찾아볼 수 있습니다. 즈카르야와 엘리사벳을 비롯해 여러 노인, 아이를 낳을 수 없는 여러 여인들, 요셉 성인의 약혼녀이자 젊은 동정녀인 성모님 그리고 당시에 천대받았던 목동들이 그들입니다. 그들은 비록 작은 이들이지만 그 믿음은 그들을 위대하게 해 주었습니다. 이 작은 이들은 계속해서 희망할 줄 알았습니다. 희망은 작은 이들의 덕입니다.

— 프란치스코 교황, 《그래도 희망》

♦* 성모님, 요셉, 엘리사벳, 목동들처럼 아기 예수님 주위에 있었던 이들을 떠올려 보세요. 가장 인상 깊은 인물은 누구인가요?

◊ * 하느님께 감사드리고 싶은 일을 적어 보세요.

◊ * 오늘 드리고 싶은 기도 지향을 적어 보세요.

12일차

예수님의 죽음과 부활

하느님께서는 우리가 걷는 지상 여정이 고통스러울 수 있다는 사실을 잘 알고 계십니다. 우리는 우리 모두가 불안과 근심의 씨앗에서 태어났다는 사실을 알고 있습니다. 우리는 더 완전해지고 싶어 노심초사합니다. 종종 틀린 길을 가기도 합니다. 하지만 불안과 근심이 예수님을 만나면, 은총이 시작됩니다. 그분께서 부활하셨기 때문입니다. 우리를 구원하시기 위해 죽음을 건너가신 분이 주님이십니다. 우리가 주님을 찾으려고 하기 전에 이미 그분께서는 우리 곁에 계십니다.

— 프란치스코 교황, 《하느님과 다가올 세계》

♦* **주님의 부활이 가장 마음에 와닿을 때는 언제인가요? 내가 생각하는 부활의 의미는 무엇인가요?**

🕯* 하느님께 감사드리고 싶은 일을 적어 보세요.

🕯* 오늘 드리고 싶은 기도 지향을 적어 보세요.

13일차

하느님 안에서 피신처를 찾음

이 마음 기울여 당신 규정 채우리니,
한결같이 끝까지 다하리이다.
두 마음 가진 자를 나는 미워하옵고,
당신의 법에다가 정을 쏟나이다.
주는 나의 은신처, 내 방패이시니,
당신의 말씀에 희망을 거나이다.
내 살아나오리니, 이 몸을 언약대로 붙드시옵소서,
희망이 어긋나게 하시지 마옵소서.

— 최민순 역, 《시편과 아가》(시편 119,112-114,116)

♦* 어렵고 힘든 순간을 마주할 때 떠오르는 성경 구절이 있나요? 성경에서 그 구절을 찾아 적어 보세요.

◊* 하느님께 감사드리고 싶은 일을 적어 보세요.

◊* 오늘 드리고 싶은 기도 지향을 적어 보세요.

14일차

행복

평화와 행복이 있더라도 그 모든 것이 당신 없이는 아무것도 아니며, 그 무엇이라도 참된 행복을 줄 수 없습니다. 그러므로 당신이야말로 모든 선과 생명의 목표며 절정이며 극치이십니다. 모든 것을 초월하여 당신께만 희망을 두는 것이 당신 종들에게는 가장 큰 위로가 됩니다. 저의 하느님이시며 인자하신 아버지, 저의 눈은 항상 당신께로 향하고 언제나 당신께 모든 것을 맡기고 있습니다. 천상의 축복으로 저의 영혼에 복을 내리시어, 저로 하여금 당신께서 머무르시는 거룩한 거처가 되게 하소서.

— 토마스 아 켐피스, 《준주성범》

♦* 나에게 참된 행복이란 무엇일까요? 가장 행복했던 순간이 언제였는지 떠올려 보세요.

🕯 ✳ 하느님께 감사드리고 싶은 일을 적어 보세요.

🕯 ✳ 오늘 드리고 싶은 기도 지향을 적어 보세요.

15일차

확고한 신뢰

어김없이 그릇된 길로 곤두박질치는 인간에 대해서도 불멸의 희망을 지니고 계시는 하느님을 잠깐이라도 상상해 보십시오. 하느님께서는 우리의 온갖 나약함에도 우리를 믿어 주시며, 끊임없이 희망을 넘어 희망하십니다. 하느님께서 우리에 대한 희망에 가득 차 계실 수 있다면, 우리도 우리 안에 있는 희망을 신뢰하도록 노력할 수 있지 않겠습니까? 우리를 그토록 완전히 이해하시는 분보다 더 좋은 동반자를 모실 수 있겠습니까?

— 프란치스코 교황, 《프란치스코 교황이 초대하는 이달의 묵상: 희망》

▲* 하느님과 함께하며 우리 안에 있는 희망을 신뢰할 때 삶에서 어떤 변화가 일어날까요?

♦* 하느님께 감사드리고 싶은 일을 적어 보세요.

♦* 오늘 드리고 싶은 기도 지향을 적어 보세요.

16일차

진심 어린 기도

저는 아브라함의 모습을 떠올립니다. 그는 불안한 상황 속에서 하느님께 왜 약속한 아들을 주지 않으시냐고 따지기보다 다시 희망을 간직할 수 있도록 도와주시길 기도로 청했습니다(창세 15,2-6 참조). 아브라함의 모습은 좋은 행동이 무엇인지 보여 줍니다. 바로 희망을 간직하기 위해 기도했기 때문입니다. 희망은 결코 스러지지 않습니다. 주어진 임무를 잘 수행함으로써 희망을 현실로 변화시키는 일은 우리에게 달려 있습니다.

— 프란치스코 교황, 《프란치스코 교황과 함께하는 희망의 기도》

♦* 희망을 간직할 수 있도록 하느님께 도와 달라고 기도한 아브라함처럼, 어떤 기도를 드리며 희망을 가지려고 하나요?

♦※ 하느님께 감사드리고 싶은 일을 적어 보세요.

♦※ 오늘 드리고 싶은 기도 지향을 적어 보세요.

17일차

희생

모두가 어려운 시기를 겪는 이 순간을 기억하면서 서로가 서로를 도와 희망을 품고 앞으로 나아갑시다. 결코 사라지지 않는 희망을 지니고 말입니다. 우리가 기억해야 할 네 가지는 다음과 같습니다. '뿌리, 기억, 형제애, 희망'이 그것입니다. 지금은 타인의 유익을 위해 아무런 대가 없이 자신을 희생한 사람들이 남긴 긍정적 에너지에 열매를 맺게 할 순간입니다. 이러한 기초 위에 밝은 내일을 건설할 수 있습니다. 그러므로 각자가 처한 상황에서 매일 수행하는 모두의 책임, 헌신, 노력은 미래를 위한 기초가 됩니다.

— 프란치스코 교황, 《하느님과 다가올 세계》

♦* 교황님이 언급하신 '뿌리, 기억, 형제애, 희망' 중에서 어떤 것이 가장 와닿나요?

🕯 * 하느님께 감사드리고 싶은 일을 적어 보세요.

🕯 * 오늘 드리고 싶은 기도 지향을 적어 보세요.

18일차

영광의 주님

성부이신 주 하느님, 지금과 같이 영원히 찬미받으소서. 지금까지 당신께서 원하시는 대로 되었습니다. 또 당신께서 하시는 일은 모두 다 좋은 것입니다. 당신의 종은 당신 안에서만 늘 즐거워할 것이니, 저 자신한테서나 다른 무엇에서도 즐거워하지 않게 하소서. 주님, 당신만이 참된 즐거움이시며, 저의 희망이시며, 저의 화관이시며, 저의 기쁨이시며, 저의 영광이신 까닭입니다. 당신께로부터 받은 것 말고 당신 종이 가진 것이 무엇이겠습니까? 당신께서 주시고 행하신 그 모든 것이 다 당신의 것입니다.

— 토마스 아 켐피스, 《준주성범》

◆* 나 자신이나 다른 것에서 즐거움을 찾으려 했던 때가 있었나요? 주님과의 관계에서 참된 기쁨을 느꼈던 순간은 언제였나요?

♦ * 하느님께 감사드리고 싶은 일을 적어 보세요.

♦ * 오늘 드리고 싶은 기도 지향을 적어 보세요.

19일차

극복

희망의 지평을 바라보지 못하고 자기 마음속에서 장벽만 대면하는 신자는 이렇게 말합니다. "저는 더 이상 아무것도 희망하지 않습니다. 제게 있어 모든 게 끝났습니다." 하지만 하느님께서는 용서하시는 가운데 이 장벽을 부숴 버리십니다. 그래서 우리는 하느님께서 매일 우리에게 희망을 주시도록, 모든 사람에게 이 희망을 주시도록 기도해야 합니다. 이 희망은 우리가 베들레헴의 구유에서 하느님을 뵐 때 생겨납니다.

— 프란치스코 교황, 《그래도 희망》

♦* 자신의 마음 안에 장벽이 있음을 느낄 때가 있나요? 나만의 장벽은 무엇인지 적어 보세요.

🕯 * 하느님께 감사드리고 싶은 일을 적어 보세요.

🕯 * 오늘 드리고 싶은 기도 지향을 적어 보세요.

20일차

참된 회심의 여정

나는 너희를 위하여 몸소 마련한 계획을 분명히 알고 있다. 주님의 말씀이다. 그것은 평화를 위한 계획이지 재앙을 위한 계획이 아니므로, 나는 너희에게 미래와 희망을 주고자 한다. 그러니 너희가 나를 부르며 다가와 나에게 기도하면 너희 기도를 들어 주겠다. 너희가 나를 찾으면 나를 만나게 될 것이다. 온 마음으로 나를 구하면 내가 너희를 만나 주겠다. 주님의 말씀이다. 그러면 내가 너희 운명을 되돌려주어, 내가 너희를 쫓아 보낸 모든 민족들과 모든 지역에서 너희를 모아 오겠다.

— 예레 29,11-14

♦* 하느님께 기도를 드리면서 그분과 더 깊게 연결되었다는 느낌을 받은 적이 있나요?

♦ * 하느님께 감사드리고 싶은 일을 적어 보세요.

♦ * 오늘 드리고 싶은 기도 지향을 적어 보세요.

21일차

희망의 빛

희망이 바꿀 수 있고 또 바꾸어 줄 그 길을 두려워하지 마십시오. 우리는 희망의 사람이 되고 빛으로 가득 찬 사람이 되는 은총을 간청해야 합니다. 우리 주위의 어두운 곳에 희망의 빛이 비치도록 도울 수 있는 사람이 되어야 합니다. 하느님께서 함께 계심을 알기에 안심하고 새로운 현실로 걸어 들어간다면, 변화에 대응하는 방식이나 다른 사람들에게 미칠 영향력에서 수많은 차이를 만들어 낼 수 있습니다.

— 프란치스코 교황, 《프란치스코 교황이 초대하는 이달의 묵상: 희망》

- 변화에 적응하는 과정에서 두려움을 마주할 때, 그것을 극복하기 위한 나만의 방법이 있나요?

🕯️ ✻　하느님께 감사드리고 싶은 일을 적어 보세요.

🕯️ ✻　오늘 드리고 싶은 기도 지향을 적어 보세요.

22일차

시련과 역경을 넘어

희망은 포기하려는 유혹을 이겨 내도록 해 줍니다. 희망은 역경 가운데서도 웃는 법을 알려 줍니다. 이 어두운 밤이 도저히 끝나지 않을 것처럼 느껴지기도 할 것입니다. 우리 자신이 무능력하게 느껴지고, 길을 잃은 듯 느껴져 좌절하기도 할 것입니다. 그때 희망을 간직하고 희망을 전하는 것은 다가올 세계의 참기쁨과 참된 신앙의 선포자가 되는 것을 의미합니다. 희망은 바로 지금 인류에게 절실히 필요한 것입니다. 이러한 희망은 물론 막연히 잘될 거라고 여기는 낙관주의와는 다릅니다.

— 프란치스코 교황, 《하느님과 다가올 세계》

♦* '낙관주의'와 '희망'은 어떻게 다를까요? 이 두 가지의 차이에 대한 나의 생각을 적어 보세요.

♦ * 하느님께 감사드리고 싶은 일을 적어 보세요.

♦ * 오늘 드리고 싶은 기도 지향을 적어 보세요.

23일차

하느님께 대한 신뢰

주여 내 믿는 데 당신이시고
어려서부터 나의 희망 야훼님이외다.
어미의 품안에서부터 님은 나의 힘,
모태에서부터 님은 내 의지시오니
나는 언제나 당신을 믿었나이다.
님이 날 든든히 보아주셨기에
사람들은 나를 기적같이 여겼나이다.

— 최민순 역, 《시편과 아가》(시편 71,5-7)

🕯* 하느님께 대한 나의 믿음은 어떻게 시작되었나요? 그때를 떠올리며 적어 보세요.

🕯 * 하느님께 감사드리고 싶은 일을 적어 보세요.

🕯 * 오늘 드리고 싶은 기도 지향을 적어 보세요.

24일차

기도의 힘

기도는 제일 좋은 명약이며, 우리의 마음을 유일한 기쁨이고 위안이신 하느님께로 향하게 해 줍니다. "오! 자비하신 하느님, 사랑하올 하느님, 자애로 충만하신 구세주님, 제 마음의 주님, 저의 기쁨이시며 희망이시고 사랑이신 하느님!" 등의 신뢰와 사랑에 넘치는 감정과 말을 사용하여 기도해야 합니다. 비관에 빠질 기미가 보이면 전력을 다해 이를 물리쳐야 합니다. 기도할 의욕도 없어지고 서글픈 생각이 들 때에도 기도를 멈추어서는 안 됩니다.

— 프란치스코 살레시오 성인, 《신심 생활 입문》

*어떤 상황에서 하느님께 기도를 드리나요? 기도할 의욕이 생기지 않는 순간에도 기도하려고 노력하나요?

🕯︎ * 하느님께 감사드리고 싶은 일을 적어 보세요.

🕯︎ * 오늘 드리고 싶은 기도 지향을 적어 보세요.

25일차

희망에 대한 이끌림

요한 바오로 1세 복자 교황님은 짧은 교황직 수행 기간 안에서 집전한 네 번의 일반 알현 가운데 한 차례 희망을 언급했습니다. 교황님은 희망을 "모든 그리스도인이 의무적으로 견지해야 할 덕목"으로 정의했습니다. 저는 희망을 호소하는 이 아름다운 정의에 각 종교와 모든 신앙인의 경계를 초월해야 한다는 점을 덧붙이고자 합니다. 희망은 특정 종교에 대한 믿음 없이도 선의를 지닌 모든 이가 간직할 수 있는 덕목입니다.

― 프란치스코 교황, 《프란치스코 교황과 함께하는 희망의 기도》

※ 내가 속한 공동체(가정, 학교, 직장, 성당 등)에서 희망으로 주변 사람들이 좋은 영향을 받은 경험을 한 적이 있나요?

🕯 ✱ 하느님께 감사드리고 싶은 일을 적어 보세요.

🕯 ✱ 오늘 드리고 싶은 기도 지향을 적어 보세요.

26일차

두려움을 이겨 냄

많은 경우, 희망은 어둡습니다. 하지만 바로 거기에 여러분을 앞으로 나아가게 하는 희망이 있습니다. 믿음은 가식적인 경건함 없이 있는 그대로의 괴로움을 하느님께 보여 드리며 그분과 더불어 싸우는 것입니다. 그분은 우리 마음을 헤아리며 이해해 주시는 아버지이십니다. 그러니 평화 가운데 나아가시기 바랍니다! 이런 용기를 가져야 합니다! 이게 바로 희망입니다. 두려움을 갖지 말고 모순적인 것들을 받아들여야 하는 상황을 대면하는 것 역시 희망입니다.

— 프란치스코 교황, 《그래도 희망》

◊* 삶에서 생각하지도 못한 일이 벌어질 때, 하느님과의 관계는 어떻게 변화하나요?

🕯* 하느님께 감사드리고 싶은 일을 적어 보세요.

🕯* 오늘 드리고 싶은 기도 지향을 적어 보세요.

27일차

하느님의 말씀

주님, 당신의 말씀은 찬미를 받으소서. 제 입에는 당신 말씀이 꿀과 엿보다 더 답니다. 주님, 당신께서 거룩한 말씀으로 저를 튼튼하게 해 주지 않으시면 큰 어려움과 힘겨움 앞에서 제가 어떻게 되겠습니까? 제가 영혼 구원의 항구에 도착할 수만 있다면, 아무리 힘겨운 일을 겪고, 아무리 큰 고통을 당하더라도 괜찮습니다. 마무리를 잘하게 하시고, 이 세상을 행복하게 떠나게 하소서. 저의 하느님, 저를 생각해 주소서. 저를 바른길로 인도하시어 당신 나라로 데려다 주소서.

— 토마스 아 켐피스, 《준주성범》

♦* 나의 삶에서 끝까지 마무리를 잘하고 이 세상을 행복하게 떠나기 위해 무엇을 할 수 있을까요?

◊ * 하느님께 감사드리고 싶은 일을 적어 보세요.

◊ * 오늘 드리고 싶은 기도 지향을 적어 보세요.

28일차

우리의 희망이신 예수님

모든 일이 순탄하게 잘 돌아갈 때에는 희망을 믿기 쉽습니다. 그러나 상황이 우리의 통제력이나 영향력을 넘어설 때, 인간은 두 손 들고 물러서려는 경향이 있습니다. 그러나 그와 반대로, 우리의 희망을 예수님께 둘 때, 예수님께서는 결코 우리를 저버리지 않으실 것입니다. 시련 가운데서도 우리는 하느님의 관심과 호의에 의지할 수 있습니다. 희망과 신뢰 속에서 하는 가장 작은 행동이 변화를 만들어 냅니다. 희망이 그 열쇠입니다.

— 프란치스코 교황, 《프란치스코 교황이 초대하는 이달의 묵상: 희망》

♦* 내가 통제할 수 없는 상황에 직면했을 때, 어떤 마음이 먼저 드나요? 물러서고 싶나요, 아니면 어떻게든 이겨 내고 싶나요?

※ 하느님께 감사드리고 싶은 일을 적어 보세요.

※ 오늘 드리고 싶은 기도 지향을 적어 보세요.

29일차

그리스도인의 희망

우리는 내가 바라는 일이 일어나기를 희망합니다. 그것은 우리의 바람입니다. 하지만 그리스도인의 희망은 그렇지 않습니다. 그리스도인의 희망은 이미 이루어진 어떤 것에 대한 기다림을 말합니다. 바로 거기에 문이 있습니다. 저는 바로 그 문에 이르기를 희망합니다. 그러면 그러기 위해 무엇을 해야 할까요? 그 문을 향해 걷는 겁니다! 저는 제가 그 문에 이르게 되리라는 걸 확신합니다. 이게 바로 그리스도인의 희망입니다. 즉, 그리스도인의 희망은 어떤 것을 향해 걷고 있다는 확신을 갖는 데 있습니다.

— 프란치스코 교황, 《그래도 희망》

♦* 일상에서 내가 흔들리지 않고 희망을 따라 나아가려면 어떤 도움이 필요할까요?

🕯✻　하느님께 감사드리고 싶은 일을 적어 보세요.

🕯✻　오늘 드리고 싶은 기도 지향을 적어 보세요.

30일차

믿음과 희망과 사랑

믿음으로 의롭게 된 우리는 우리 주 예수 그리스도를 통하여 하느님과 더불어 평화를 누립니다. 믿음 덕분에, 우리는 그리스도를 통하여 우리가 서 있는 이 은총 속으로 들어올 수 있게 되었습니다. 그리고 하느님의 영광에 참여하리라는 희망을 자랑으로 여깁니다. 그뿐만 아니라 우리는 환난도 자랑으로 여깁니다. 우리가 알고 있듯이, 환난은 인내를 자아내고 인내는 수양을, 수양은 희망을 자아냅니다. 그리고 희망은 우리를 부끄럽게 하지 않습니다. 우리가 받은 성령을 통하여 하느님의 사랑이 우리 마음에 부어졌기 때문입니다.

— 로마 5,1-5

- '희망은 우리를 부끄럽게 하지 않습니다.'라는 말처럼, 희망을 통해 나의 삶에서 긍정적인 변화를 체험한 적이 있나요?

🕯* 하느님께 감사드리고 싶은 일을 적어 보세요.

🕯* 오늘 드리고 싶은 기도 지향을 적어 보세요.

2025년 희년 전대사

🕯 전대사란 무엇인가요?

전대사는 대사 중에서도 죄에 따른 잠벌暫罰에서 전부 풀리는 '전면 대사'를 말합니다. 고해성사를 통해 죄를 고백하면 죄는 사면된다 하더라도 그 죄에 따른 벌, 즉 잠벌은 여전히 남아 있습니다. 전대사는 바로 이 잠벌을 면제해 주는 사면입니다. 전대사는 하루에 한 번만 받을 수 있지만, 연옥 영혼을 위한 애덕 행위 시 같은 날 두 번째 전대사가 허용됩니다. 다만 두 번째는 세상을 떠난 이들에게만 적용됩니다.

🕯 2025년 희년 전대사를 받으려면

교황청 내사원은 2025년 정기 희년 동안 진정으로 죄를 뉘우치고, 참회 성사로 정화되고, 영성체로 회복되어 교황의 뜻에 따라 기도하는 모든 가톨릭 신자는 전대사를 얻을 것이라고 선포했습니다. 그리고 희년 대사를 얻기 위해서는 다음 사항을 실천하도록 권고했습니다.

1. **순례지에서 미사 참례:** '희년을 위한 거룩한 장소'를 순례하고 그곳에서 봉헌되는 미사에 참례합니다.

2. **로마 대성전 및 지정 성당 순례:** 로마 4대 대성전 중 한 곳이나 예루살렘 성묘대성전, 베들레헴 주님 탄생 대성전, 나자렛 주님 예고 대성전 중 한 곳 또는 교구 지정 성당이나 순례지를 방문합니다.

3. **성체 조배와 기도:** '희년을 위한 장소'에서 성체 조배 후 주님의 기도와 신앙 고백을 드리며 성모 마리아께 간구합니다.

4. **선교 또는 교육 참여:** 교회나 다른 적합한 장소에서 열리는 대중 선교나 영성 수련 등에 참여합니다.

5. **자비의 실천:** 도움이 필요하거나 어려움에 처한 이들을 위해 육체적·영적 자비 활동을 실천합니다.

6. **절제와 기부:** 불필요한 소비를 줄이고 가난한 이들에게 기부하는 참회 정신을 실천합니다.

7. **종교 및 사회 사업 지지:** 생명 보호 및 도움이 필요한 이들의 삶의 질 향상을 위한 사업을 지지합니다.

8. **자원봉사:** 공동체 봉사나 이와 유사한 개인 헌신 활동에 시간을 할애합니다.

9. **교황 강복:** 교구장 주교가 희년 행사 거행 시 교황 강복을 줄 수 있으며, 이 강복을 받는 신자는 전대사를 받을 수 있습니다.

성 베드로 대성전 성문 개문

2024년 12월 24일

1월	24-26일	커뮤니케이션 분야의 희년
2월	8-9일	군대, 경찰, 안보의 희년
	15-18일	예술가들의 희년
	21-23일	종신 부제들의 희년
3월	8-9일	자원봉사 활동 분야의 희년
	28일	주님을 위한 24시간
	29-30일	자비의 선교사들의 희년
4월	5-6일	병자들과 보건 분야의 희년
	25-27일	청소년들의 희년
	28-29일	장애인들의 희년
5월	1-4일	노동자들의 희년
	4-5일	기업가들의 희년
	10-11일	음악단들의 희년
	12-14일	동방 교회들의 희년
	16-18일	형제회들의 희년
	30일-6월 1일	가정, 어린이, 조부모, 노인들의 희년
6월	7-8일	교회 운동 단체, 자선 단체, 신설 공동체의 희년
	9일	교황청의 희년
	14-15일	스포츠의 희년
	20-22일	정부의 희년

6월	23-24일	신학생들의 희년
	25일	주교들의 희년
	25-27일	사제들의 희년
7월	28일-8월 3일	젊은이들의 희년
9월	15일	위로의 희년
	20일	정의의 희년
	26-28일	교리교사들의 희년
10월	4-5일	선교 분야의 희년
	4-5일	이주민들의 희년
	8-9일	축성 생활의 희년
	11-12일	마리아 영성의 희년
	31일-11월 2일	교육 분야의 희년
11월	16일	가난한 이들의 희년
	22-23일	성가대의 희년
12월	14일	감옥에 갇힌 이들의 희년

성 베드로 대성전 성문 폐문

2026년 1월 6일

2025 희년 여정 노트

2024년 10월 28일 교회 인가
2024년 12월 6일 초판 1쇄 펴냄

엮은이 · 가톨릭출판사 편집부
펴낸이 · 정순택
펴낸곳 · 가톨릭출판사
편집 겸 인쇄인 · 김대영
편집 · 김소정, 김지영, 강서윤, 박다솜
디자인 · 강해인, 정호진, 이경숙
마케팅 · 안효진, 황희진

본사 · 서울특별시 중구 중림로 27
등록 · 1958. 1. 16. 제2-314호
전자우편 · edit@catholicbook.kr
전화 · 1544-1886(대표 번호)
지로번호 · 3000997

ISBN 978-89-321-1927-4 03230

값 6,000원

성경 · 전례문 · 교회 문헌 © 한국천주교중앙협의회, 2024.

이 책은 저작권법에 의해 보호를 받는 저작물이므로 무단 전재와 무단 복제를 금합니다.

가톨릭의 모든 도서와 성물을 '가톨릭출판사 인터넷쇼핑몰'에서 만나 보실 수 있습니다.
http://www.catholicbook.kr | (02)6365-1888(구입 문의)

우리는 우리가 받은 희망의 불꽃을 타오르게 하고,
모든 이가 열린 정신과 신뢰하는 마음과 멀리 내다보는 시각으로
미래를 바라볼 새 힘과 확신을 얻도록 도와야 합니다.
다가오는 희년은, 우리가 너무도 간절히 바라는 쇄신과
새로 태어남을 미리 맛보게 하는 희망과 신뢰의 분위기를
되살리는 데에 크게 이바지할 수 있습니다.

프란치스코 교황 서한 중에서

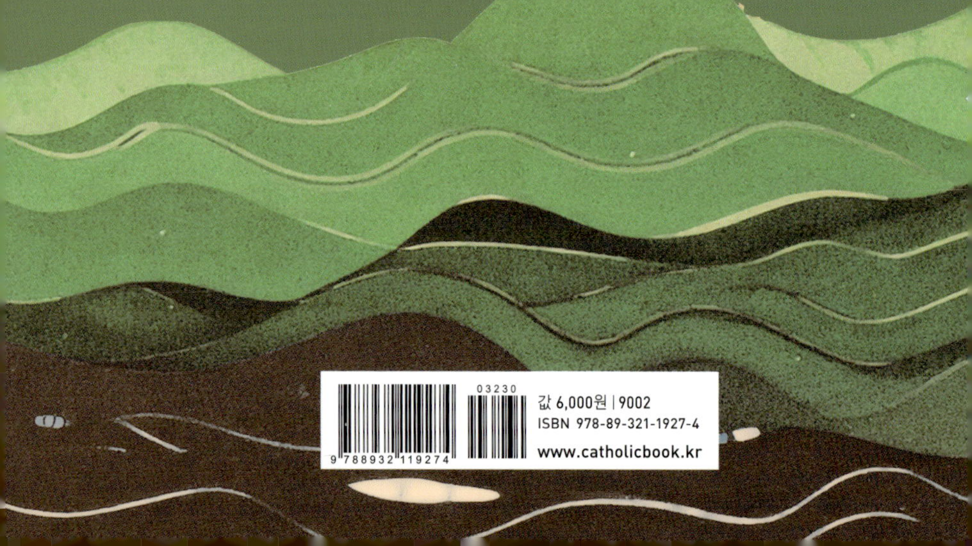

03230
값 6,000원 | 9002
ISBN 978-89-321-1927-4
www.catholicbook.kr